첫공부
한글 숨은그림찾기
★ 낱말 ★

1일 나의 몸	**2일** 가족	**3일** 음식	**4일** 채소	**5일** 간식	**6일** 과일
12일 장난감	**11일** 탈것	**10일** 바다동물	**9일** 동물 2	**8일** 동물 1	**7일** 곤충
13일 나의 옷	**14일** 우리 집	**15일** 낱말 찾기	완성! 낱말 놀이		

가치잇다

나의 몸

이름을 읽고 그림에서 찾아 ○ 하세요.

눈	코	입	손

두 그림에서 서로 다른 3곳을 찾아
이름에 ○ 하세요.

눈   코   손

입   귀   발

나의 몸 이름을 보고 똑같은 낱말을 찾아
○ 하세요.

눈

넌 눈 논 난

코

코 고 구 토

발

벌 발 볼 말

귀

뉘 뮈 귀 위

나의 몸

액자 속 그림에서 나의 몸 어디가
바뀌었나요? 선을 잇고 말해 보세요.

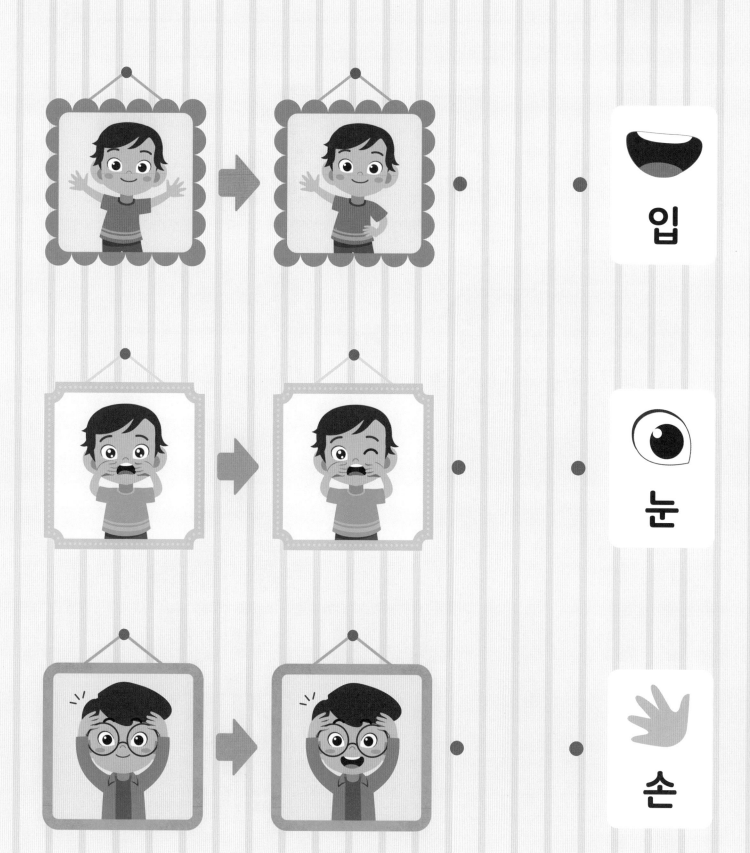

입

눈

손

가족

이름을 읽고 숨어 있는 가족을
찾아 ○ 하세요.

엄마	아빠	오빠	나

가족

두 그림에서 달라진 3명을 찾아
이름에 ○ 하세요.

할아버지

할머니

엄마

아빠

나

오빠

7

가족

가족을 부르는 이름을 읽은 다음,
글자판에서 숨어 있는 낱말을 찾아 ○ 하세요.

 엄마

 아빠

 할머니

 할아버지

할	아	버	지
우	할	머	니
르	엄	마	모
이	누	아	빠

가족을 부르는 이름만 찾아
엄마 펭귄에게 가 보세요.

생선

눈

출발

입

가위

엄마

갈비

가방

아빠

나무

두부

가지

손

누나

발

할머니

할아버지

오빠

나비

코

도착

9

3일

음식 — 이름을 읽고 숨어 있는 음식을 찾아 ○ 하세요.

달걀	생선	김치	불고기

 두 그림에서 달라진 음식 3개를 찾아
이름에 ○ 하세요.

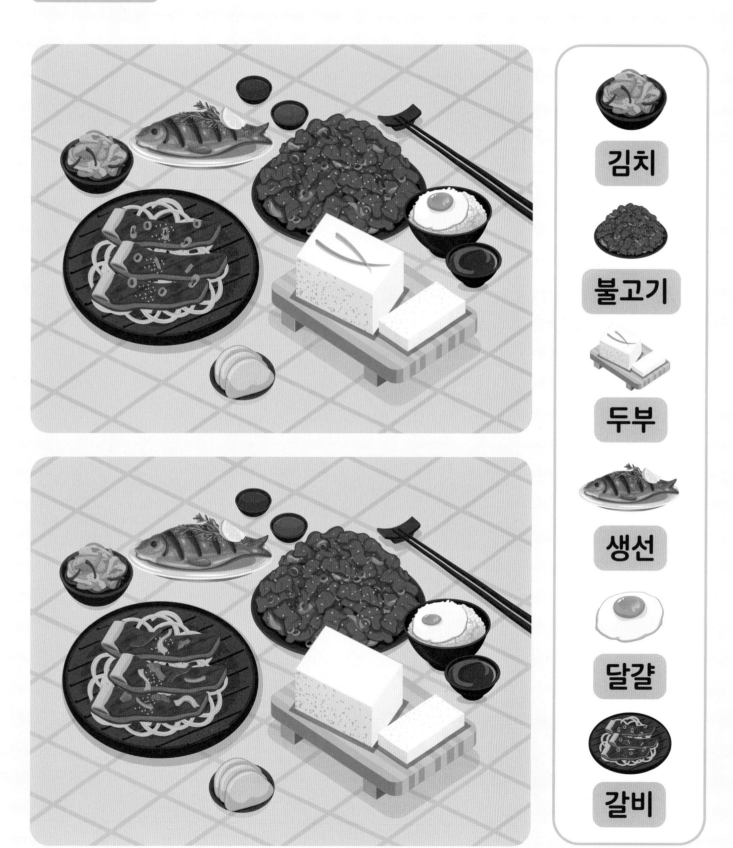

김치

불고기

두부

생선

달걀

갈비

음식 이름을 보고 똑같은 낱말을 찾아 ○ 하세요.

두부

두유 두부 두꺼비

갈비

갈치 갈비 나비

달걀

달빛 달래 달걀

생선

생선 생일 생각

음식 — 친구가 먹고 싶은 음식은 무엇일까요?
알맞게 놓인 쟁반을 찾아 ○ 하세요.

갈비 생선   불고기 생선

채소

이름을 읽고 숨어 있는 채소를 찾아 ○ 하세요.

감자	토마토	당근	고구마

채소 ── 두 그림에서 달라진 채소 3개를 찾아
이름에 ○ 하세요.

감자　　당근　　고구마

오이　　양파　　토마토

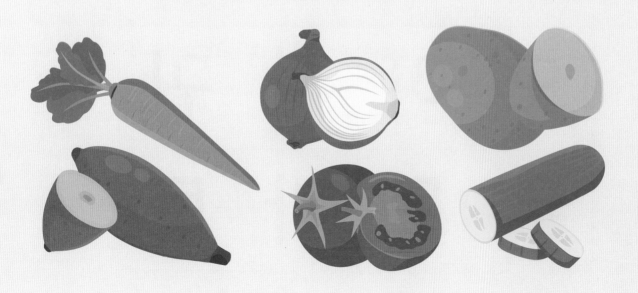

채소 그림을 보고 이름을 읽은 다음,
글자판에서 숨어 있는 낱말을 찾아 ○ 하세요.

 양파

 오이

 토마토

 감자

사	감	자	이
기	가	양	파
오	이	사	귀
우	토	마	토

 채소

채소를 자르면 어떤 모양이 될까요?
이름을 보고 선을 이어 보세요.

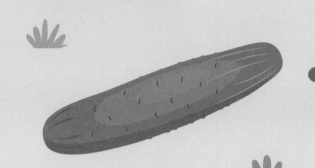

토마토

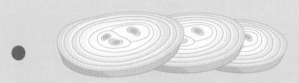

양파

오이

당근

5일

간식 — 이름을 읽고 숨어 있는 간식을 찾아 ○ 하세요.

| 우유 | 과자 | 사탕 | 아이스크림 |

간식

두 그림에서 달라진 간식 3개를 찾아
이름에 ○ 하세요.

우유　과자　사탕

빵　아이스크림　케이크

19

간식 이름을 보고 똑같은 낱말을 찾아 ○하세요.

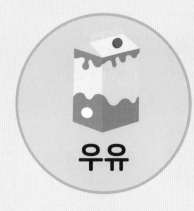
우유

두유 　 우주 　 우유

과자

과일 　 과자 　 사자

케이크

케이크 　 베이크 　 메이크

빵

뻥 　 빵 　 팡

간식

간식의 이름을 보고 어떤 간식이
담겨 있는지 찾아 ○ 하세요.

케이크
사탕
우유
아이스크림

과일 ── 이름을 읽고 숨어 있는 과일을 찾아 ○ 하세요.

사과	수박	딸기	바나나

과일

과일의 이름을 읽고, 4개의 그림에서
다른 1개를 찾아 ○ 하세요.

사과

딸기

수박

포도

바나나

키위

 **과일**

과일 그림을 보고 이름을 읽은 다음,
글자판에서 숨어 있는 낱말을 찾아 ○ 하세요.

 포도

 키위

 바나나

 사과

포	도	딸	오
렌	어	키	위
바	나	나	지
케	치	사	과

어떤 주스를 만들 수 있을까요?
과일 이름과 주스를 찾아가 보세요.

참 잘했어요!

바나나　딸기　수박　포도

곤충

이름을 읽고 숨어 있는 곤충을 찾아 ○ 하세요.

나비

무당벌레

개미

벌

숨은그림찾기를 하면서 주제와 관련 없는 그림이라도 하나씩 짚으며 이름을 말해 보는 것도 한글 학습에 효과적입니다.

곤충

곤충의 이름을 읽고, 4개의 그림에서
다른 1개를 찾아 ○ 하세요.

벌

개미

무당벌레

잠자리

나비

매미

곤충 이름을 보고 똑같은 낱말을 찾아 ○ 하세요.

나비

나비　나무　나파

매미

거미　매미　개미

잠자리

잠수함　잠꼬대　잠자리

벌

말　발　벌

곤충

곤충 그림과 이름을 보고 그림과
똑같은 그림자를 찾아 선을 이어 보세요.

나비   **벌**   **매미**   **잠자리**

동물1 — 이름을 읽고 숨어 있는 동물을 찾아 ○ 하세요.

강아지	토끼	돼지	병아리

두 그림에서 달라진 동물 3마리를 찾아
이름에 ○ 하세요.

토끼

돼지

병아리

강아지

고양이

오리

동물 그림을 보고 이름을 읽은 다음,
글자판에서 숨어 있는 낱말을 찾아 ○ 하세요.

 오리

 토끼

 고양이

 강아지

돼	강	아	지
유	자	오	리
토	끼	병	어
리	고	양	이

동물1 — 병아리 낱말만 따라서 엄마한테 가 보세요.

동물2 — 이름을 읽고 숨어 있는 동물을 찾아 ○ 하세요.

사자　호랑이　기린　코끼리

두 그림에서 달라진 동물 3마리를 찾아 이름에 ○ 하세요.

사자

기린

얼룩말

곰

호랑이

코끼리

동물 이름을 보고 똑같은 낱말을 찾아 ○ 하세요.

곰

공 곰 곳 문

사자

피자 사과 사자

코끼리

코끼리 코알라 코뿔소

얼룩말

얼룩소 조랑말 얼룩말

동물 2

동물 이름과 똑같이 놓여 있는
동물 그림을 찾아 선을 이어 보세요.

 사자　　 호랑이　　 곰

 기린　　 얼룩말　　 코끼리

| 코끼리 | 기린 |
| 곰 | 얼룩말 |

| 기린 | 사자 |
| 곰 | 호랑이 |

바다 동물

이름을 읽고 숨어 있는
바다 동물을 찾아 ○ 하세요.

고래	상어	새우	조개

바다 동물

두 그림에서 달라진 바다 동물 3마리를 찾아 이름에 ○ 하세요.

 고래　　 상어　　 새우

 조개　　 열대어　　 문어

바다 동물 그림을 보고 이름을 읽은 다음,
글자판에서 숨어 있는 낱말을 찾아 ○ 하세요.

 고래

 상어

 문어

 열대어

문	어	과	대
쿠	고	래	조
애	열	대	어
케	상	어	우

바다
동물

2마리씩 있는 바다 동물 그림에서
똑같은 쌍둥이 동물 이름에 ○ 하세요.

멋져, 멋져!

고래　　상어　　문어

열대어　　새우　　조개

11일

탈것

이름을 읽고 숨어 있는
탈것을 찾아 ○ 하세요.

자동차	버스	자전거	트럭

탈것

두 그림에서 달라진 탈것 3개를 찾아
이름에 ○ 하세요.

자동차　　트럭　　버스

기차　　자전거　　비행기

탈것 — 탈것 이름을 보고 똑같은 낱말을 찾아 ○하세요.

버스

| 주스 | 버스 | 버섯 |

기차

| 기차 | 기타 | 녹차 |

자동차

| 자전거 | 자동차 | 전동차 |

비행기

| 비행기 | 비둘기 | 보행기 |

탈것

탈것의 부분 그림을 보고 이름을 찾아 그림 상자와 같은 색으로 칠해 보세요.

비행기

트럭

자전거

기차

12_일

장난감

이름을 읽고 숨어 있는
장난감을 찾아 ○ 하세요.

블록	공	북	로봇

장난감

장난감의 이름을 읽고, 4개의 그림에서 다른 1개를 찾아 ○ 하세요.

로봇

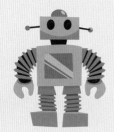  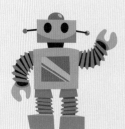 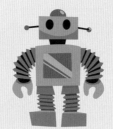

블록

 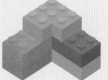 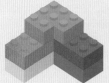 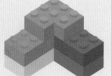

공

북

인형

모래놀이

장난감 그림을 보고 이름을 읽은 다음,
글자판에서 숨어 있는 낱말을 찾아 ○ 하세요.

 인형

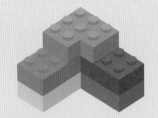 블록

공

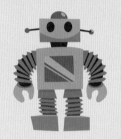 로봇

복	열	로	봇
인	형	래	조
래	고	모	이
공	상	블	록

장난감

장난감 1개가 사라졌어요.
사라진 장난감 이름을 찾아 ○ 하세요.

 로봇 인형 북

 블록 모래놀이 공

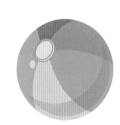

나의 옷

이름을 읽고 숨어 있는 옷을 찾아 ○ 하세요.

 바지

 치마

 티셔츠

 모자

나의 옷 — 옷의 이름을 읽고, 4개의 그림에서
다른 1개를 찾아 ○ 하세요.

치마

양말

모자

티셔츠

원피스

 나의 옷 — 나의 옷 이름을 보고 똑같은 낱말을 찾아 ○하세요.

바지

휴지　　바람　　바지

원피스

원피스　　오피스　　투피스

티셔츠

티슈　　티셔츠　　와이셔츠

양말

양말　　양치　　주말

나의 옷

같은 색 옷끼리 빨래를 해요. 같은 색 세탁기에 선을 잇고 이름을 말하세요.

최고예요!

티셔츠

바지

원피스

모자

양말

치마

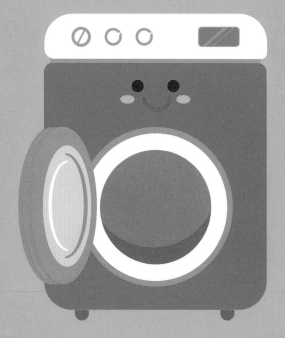

14일

 우리 집 — 이름을 읽고 숨어 있는 물건을 찾아 ○ 하세요.

텔레비전	청소기	소파	시계

우리 집 —— 두 그림에서 달라진 물건 3개를 찾아
이름에 ○ 하세요.

소파

시계

텔레비전

청소기

식탁

냉장고

 우리 집 — 우리 집 물건 그림을 보고 이름을 읽은 다음, 글자판에서 숨어 있는 낱말을 찾아 ○ 하세요.

 시계

소파

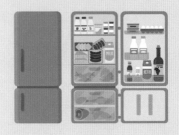 냉장고

식탁

시	계	텔	게
청	기	식	탁
전	사	소	파
냉	장	고	규

우리 집

우리 집 물건의 반쪽을 보고
짝을 찾아 선을 이어 보세요.

 청소기    식탁   시계

 냉장고   소파   텔레비전

  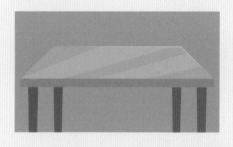

  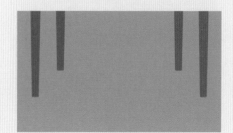

같은 낱말 찾기 — 그림에 있는 이름을 보기에서 찾아 ○ 하세요.

엄마

두부

보기

우유　호랑이

두부　　엄마

강아지　당근

사탕　　벌

포도

당근

 우유

 포도

 벌

 강아지

보기의 순서대로 같은 낱말을 찾아가 보세요.

사자	상어	기차	공	바지	눈

출발

사자	상어	버스
고래	기차	로봇
치마	공	바지
입	소파	눈

도착

그림의 낱말과 다른 것을 찾아 ○ 하세요.

아빠

| 오빠 | 아빠 |
| 아빠 | 아빠 |

오이

| 오이 | 오이 |
| 오이 | 아이 |

사과

| 사과 | 사과 |
| 사자 | 사과 |

기차

| 기차 | 기자 |
| 기차 | 기차 |

다른 낱말 찾기

종류가 다른 것을 찾아 ○ 하세요.

바지   **소파**   **치마**   **티셔츠**

나비   **개미**   **로봇**   **잠자리**

우유   **버스**   **자동차**   **자전거**

완성!

낱말 퍼즐

낱말 퍼즐의 빈 곳에 들어갈 말을 보기에서 찾아 써 보세요.

보기 아 마 자 이

병

강 아 지

리

엄

치 마

아

호 랑 이 자 전 거

스 동

크 차

림

낱말 퍼즐

그림은 무엇인가요?
알맞은 퍼즐 조각을 찾아 ○ 하세요.

감 / 자 / 사

트 / 리 / 럭

로 / 켓 / 봇

낱말을 읽으며 끝말잇기를 따라해 보세요.

바나나 → 나비 → 비누

사자 → 자전거 → 거미

과자 → 자동차 → 차표

기타 → 타조 → 조개

2~3쪽

4~5쪽
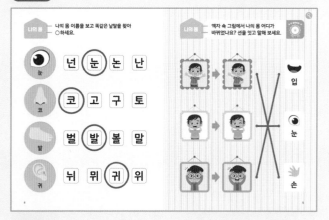

6~7쪽

8~9쪽
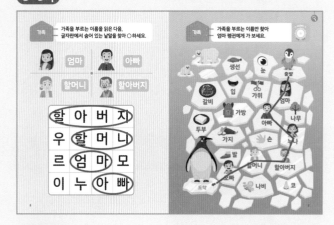

10~11쪽

12~13쪽
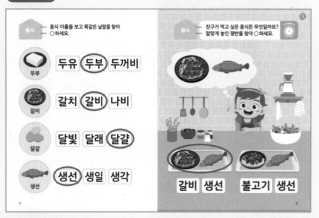

14~15쪽
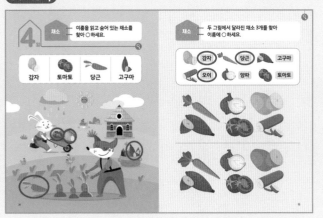

16~17쪽
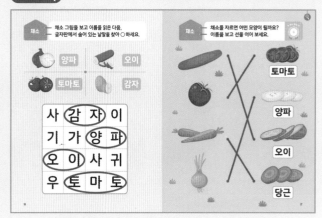

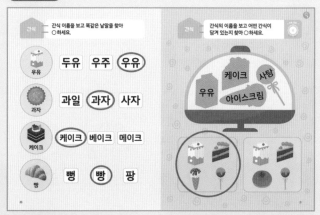

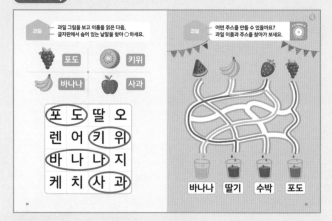

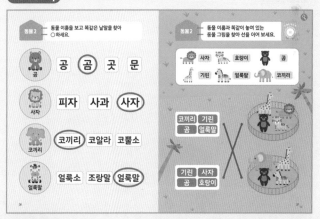

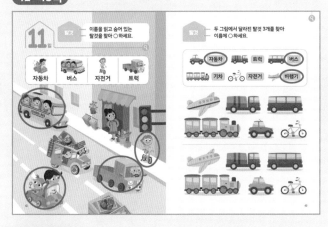

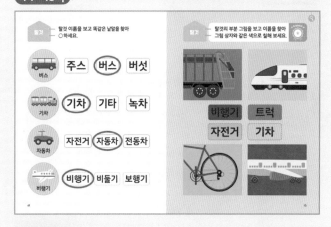

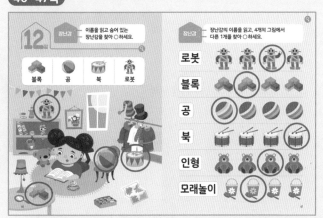

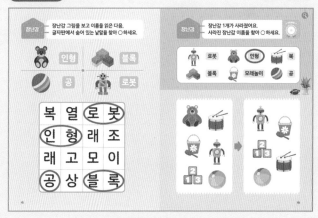

50~51쪽

52~53쪽

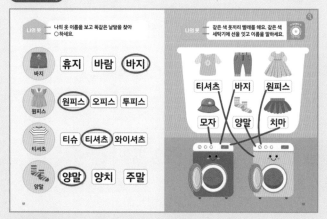

54~55쪽

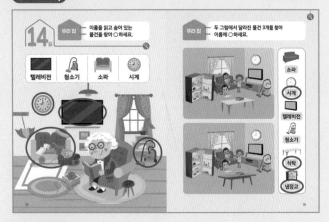

56~57쪽

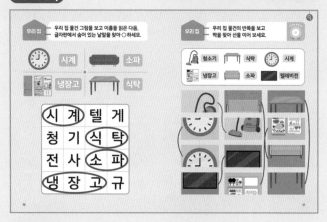

58~59쪽

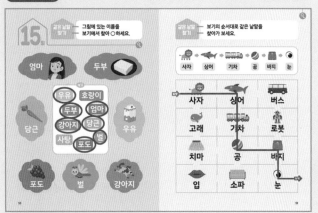

60~61쪽

62~63쪽

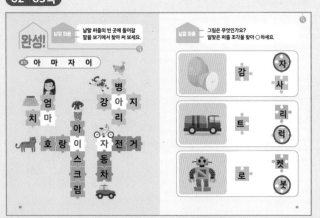